Jean Moréas

Les Stances

Portrait par A. de la Gandara

Tirage à cent ex. - N° 59

Édition de LA PLUME, 31, rue Bonaparte

Les Stances
de
Jean Moréas

Le premier livre.

I

Le grain de blé nourrit et l'homme et les corbeaux,
L'arbre palladien produit la douce olive,
Et le triste cyprès, debout sur les tombeaux,
Balance vainement une cime plaintive.

Hélas! n'as-tu point vu ta plus chère amitié
Étaler à tes yeux la face du vulgaire?
Tu ne sais pas languir et souffrir à moitié:
Quand tu reprends ton cœur, c'est qu'il n'en reste guère.

Que ce soit dans la ville ou près des flots amers,
Au fond de la forêt ou sur le mont sinistre,
Va, pars et meurs tout seul en récitant des vers:
Ce sont troupeaux encor les cygnes du Caÿstre.

II

Mélancolique mer que je ne connais pas,
Tu vas m'envelopper dans ta brume légère,
Sur ton sable mouillé je marquerai mes pas,
Et j'oublierai soudain et la ville et la terre.

Ô mer, ô tristes flots, saurez-vous dans vos bruits
Qui viendront expirer sur les sables sauvages,
Bercer jusqu'à la mort mon cœur et ses ennuis
Qui ne se plaisent plus qu'aux beautés des naufrages ?

III

Eh, quoi ! peut-être aussi c'était mon naturel :
Je fus doux, étant dur, et rieur, étant sombre,
Je voulus faire un dieu de tout ce temporel,
Et je traîne après moi des fantômes sans nombre.

L'homme mortel succombe et le sort est vainqueur.
Apollon, dieu cruel, ennemi de ta race,
Si tu m'as fait saigner tout le sang de mon cœur,
Ce que tu châtiais, c'était ta propre audace.

IV

Je songe à ce village assis aux bords des bois,
Aux bois silencieux que Novembre dépouille,
Aux studieuses nuits, — et près du feu je vois
Une vieille accroupie et filant sa quenouille.

Toi que j'ai rencontrée à tous les carrefours
Où tu guidais mes pas, mélancolique et tendre,
Lune, je te verrai te mirant dans le cours
D'une belle rivière et qui commence à prendre.

V

Tu crains de confesser tes imperfections,
Tu pleures, pauvre sot, sur ta force perdue.
Je veux dix fois le jour haïr mes actions
En couronnant de fleurs ma tête entrechenue.

Muse, pour tes vrais fils aujourd'hui c'est demain !
Mais si leur coeur descend au niveau de la foule,
Ce bon vin plein d'ardeur qu'ils burent dans ta main,
Tourne comme du lait et comme une eau s'écoule.

VI

Tantôt semblable à l'onde et tantôt monstre ou tel
L'infatigable feu, ce vieux pasteur étrange
(Ainsi que nous l'apprend un ouvrage immortel)
Se nommait. Comme lui plus qu'à mon tour je change.

Car je hais avant tout le stupide indiscret,
Car le seul juste point est un jeu de balance,
Qu'enfin dans mon esprit je conserve un secret
Qui remplirait d'effroi l'humaine nonchalance.

VII

Ô mon esprit en feu, que vous me décevez !
Comment de pauvres yeux sauraient-ils vous atteindre ?
J'ai vu ces sables blancs et ces rochers crevés,
Retraite désirée : ils ne sont point à peindre.

Mais qu'il se trouve ailleurs un ciel aérien
Où des caps sourcilleux lèvent un front superbe,
Quoi ! mon esprit pour vous le plus rare n'est rien :
C'est la même beauté que vous mangez en herbe.

VIII

Les roses que j'aimais s'effeuillent chaque jour,
Toute saison n'est pas aux blondes pousses neuves ;
Le Zéphire a soufflé trop longtemps, c'est le tour
Du cruel Aquilon qui condense les fleuves.

Vous faut-il, Allégresse, enfler ainsi la voix
Et ne savez-vous point que c'est grande folie,
Quand vous venez sans cause agacer sous mes doigts
Une corde vouée à la Mélancolie ?

IX

Calliope, Erato, filles de Jupiter,
Je vous invoque ici sur la harpe sonore;
Je le faisais enfant, et bientôt mon hiver
Passera mon automne et mon printemps encore.

Quelle bizarre Parque au cœur capricieux
Veut que le sort me flatte au moment qu'il me brave?
Les maux les plus ingrats me sont présents des dieux,
Je trouve dans ma cendre un goût de miel suave.

X

J'ai choisi cette rose au fond d'un vieux panier
Que portait par la rue une marchande rousse ;
Ses pétales sont beaux du premier au dernier,
Sa pourpre vigoureuse en même temps est douce.

Vraiment d'une autre rose elle diffère moins
Que la lanterne fait d'une vessie enflée :
A ne s'y pas tromper qu'un sot mette ses soins,
Mais la perfection est chose plus celée.

XI

Ne dites pas : la vie est un joyeux festin ;
Ou c'est d'un esprit sot ou c'est d'une âme basse.
Surtout ne dites point : elle est malheur sans fin,
C'est d'un mauvais courage et qui trop tôt se lasse.

Riez comme au printemps s'agitent les rameaux,
Pleurez comme la bise ou le flot sur la grève,
Goûtez tous les plaisirs et souffrez tous les maux ;
●dites : c'est beaucoup et c'est l'ombre d'un rêve.

XII

Les morts m'écoutent seuls, j'habite les tombeaux.
Jusqu'au bout je serai l'ennemi de moi-même.
Ma gloire est aux ingrats, mon grain est aux corbeaux,
Sans récolter jamais je laboure et je sème.

Je ne me plaindrai pas. Qu'importe l'Aquilon,
L'opprobre et le mépris, la face de l'injure !
Puisque quand je te touche, ô lyre d'Apollon,
Tu sonnes chaque fois plus savante et plus pure ?

XIII

Rompant soudain le deuil de ces jours pluvieux,
Sur les grands marronniers qui perdent leur couronne,
Sur l'eau, sur le tardif parterre et dans mes yeux
Tu verses ta douceur, pâle soleil d'automne.

Soleil, que nous veux-tu ? Laisse tomber la fleur,
Que la feuille pourrisse et que le vent l'emporte !
Laisse l'eau s'assombrir, laisse-moi ma douleur
Qui nourrit ma pensée et me fait l'âme forte.

XIV

Ce que ma fantaisie a ce soir entrepris
Ressemble à quelque essaim aux vibrantes antennes.
Bien que la lune manque à ce ciel de Paris,
La merveille du monde après celui d'Athènes,

Muse, que sur mon front tu te viennes pencher
En me montrant tes yeux qui sont mon plus doux charme,
Je saisirai la lyre à l'instar de l'archer
Qui marche sur les morts tout en bondant sous arme.

XV

Paris, je te ressemble : un instant le soleil
Brille dans ton ciel bleu, puis soudain c'est la brume.
Au vent septentrion si tu te fais pareil,
Tu passes les pays que le Zéphyr parfume.

Triste jusqu'à la mort, en même temps joyeux,
Tout m'est concours heureux et sinistre présage ;
Sans cause l'allégresse a pleuré dans mes yeux,
Et le sombre destin sourit sur mon visage.

XVI

Je songe aux ciels marins, à leurs couchants si doux,
À l'écumante horreur d'une mer démontée,
Au pêcheur dans sa barque, aux crabes dans leurs trous,
À Nééré aux yeux bleus, à Glaucus, à Protée.

Je songe au vagabond supputant son chemin,
Au vieillard sur le seuil de la cabane ancienne,
Au bûcheron courbé, sa cognée à la main,
À la ville, à ses bruits, à mon âme, à sa peine.

XVII

Adieu, la vapeur siffle, on active le feu ;
Dans la nuit le train passe, ou c'est l'ancre qu'on lève.
Qu'importe ! on vient, on part : le flot soupire adieu,
Qu'il arrive du large ou qu'il quitte la grève.

Les roses vont éclore et nous les cueillerons ;
Les feuilles du jardin vont tomber une à une.
Adieu ! quand nous naissons, adieu ! quand nous mourons
Et comme le bonheur s'envole l'infortune.

Le deuxième livre

I

Au temps de ma jeunesse, harmonieuse Lyre,
Comme l'eau sous les fleurs, ainsi chantait ta voix;
Et maintenant, hélas! c'est un sombre délire:
Tes cordes en vibrant ensanglantent mes doigts.

Le calme ruisselet traversé de lumière
Reflète les oiseaux et le ciel de l'été,
O Lyre, mais de l'eau qui va creusant la pierre
Au fond d'un antre noir, plus forte est la beauté.

II

Il est doux d'écouter le roseau qui soupire
Avec d'autres roseaux dans un riant vallon;
Un front pensif se courbe à ces accords que tire
Des chênes assemblés le rapide aquilon.

Mais, qui auprès de la voix de l'arbre solitaire,
Les roseaux, la chênaie exhalent un vain bruit
Quand sur la triste plaine où descend le mystère,
Elle lamente au vent qui précède la nuit!

III

Toi qui prends en pitié le deuil de la Nature
Et qui laisses tes sœurs flatter l'éclat du jour,
Fille du sombre hiver, que tu sois la parure
Ou de la pâle mort ou du brillant amour,

Violette d'azur, que tu plais à cette âme
Où je remue en vain les cendres du désir !
Les lys sont orgueilleux, la rose a trop de flamme
Et le myrte frivole aime trop le plaisir.

IV

Je viens de mal parler de toi, rose superbe !
Si ton éclat est vif, rose, tu vois pourtant,
Seule dans le cristal, au milieu de la gerbe,
Aussi bien que les yeux rendre le cœur content.

Un jour, contre le mur d'une porte gothique,
(J'errais en ce temps-là dans les pays du Nord)
Rose, tu m'apparus très pâle et fantastique
Et frissonnante au vent plein de pluie et de mort.

V

Ce n'est pas vers l'azur que mon esprit s'envole,
Je pense à toi, plateau hanté des chevriers.
Aux pétales vermeils, à la blanche corolle
Je préfère le deuil de tes genévriers.

Noir plateau, ce qui berce une audace rendue
Ce n'est point le zéphyr sur les flots de la mer
C'est la plainte du vent sur ta morne étendue
Où je voudrais songer, prisonnier de l'hiver.

VI

Chênes mystérieux, forêt de la Grésigne,
Qui remplissez le gouffre et la crête des monts,
J'ai vu vos clairs rameaux sous la brise bénigne
Balancer doucement le ciel et ses rayons.

Ah! dans le sombre hiver, pendant les nuits d'orage
Lorsqu'à votre unisson lamentent les corbeaux,
Lorsque passe l'éclair sur votre fier visage,
Chênes que vous devez être encore plus beaux!

VII

Quand pourrai-je, quittant tous les soins inutiles
Et le vulgaire ennui de l'affreuse cité,
Me reconnaître enfin, dans les bois, frais asiles
Et sur les calmes bords d'un lac plein de clarté!

Mais plutôt, je voudrais songer sur tes rivages,
Mer, de mes premiers jours berceau délicieux:
J'écouterai gémir tes mouettes sauvages,
L'écume de tes flots rafraîchira mes yeux.

Ah, le précoce hiver a-t-il rien qui m'étonne?
Tous les présents d'avril, je les ai dissipés,
Et je n'ai pas cueilli la grappe de l'automne,
Et mes riches épis d'autres les ont coupés.

VIII

Les branches en arceaux quand le printemps va naître,
Les ronces sur le mur, le pâturage herbeux,
Les sentiers de mulets, et cet homme champêtre
Qui pour fendre le sol guide un couple de bœufs;

La nuit sur la jetée où le phare s'allume,
Et l'horizon des flots lorsque le jour paraît,—
Qu'importe! je respire, ô ville, dans ta brume,
La montagne et les champs, la mer et la forêt.

IX

O ciel aérien inondé de lumière,
Des golfes de là-bas cercle brillant et pur,
Immobile fumée au toit de la chaumière,
Noirs cyprès découpés sur un rideau d'azur ;

Oliviers du Céphise, harmonieux feuillages,
Que l'esprit de Sophocle agite avec le vent ;
Temples, marbres brisés, qui malgré tant d'outrages
Seuls gardez dans vos trous tout l'avenir levant,

Parnès, Hymette fier qui repoussent les ombres,
Retiens encor le jour sur tes flancs enflammés ;
Monts, arbres, horizons, beaux rivages, décombres,
Quand je vous ai revus, je vous ai bien aimés !

X

Céphise, fier torrent, j'ai l'âme encore heureuse
Du jour que j'ai revu tes bords pleins de clarté;
Tu gardes dans ton lit la grâce sinueuse
De ton onde tarie aux rayons de l'Été.

XI

De ce tardif avril, rameaux, verte lumière,
  Lorsque vous frissonnez,
Je songe aux amoureux, je songe à la poussière
  Des morts abandonnés.

Arbres de la cité, depuis combien d'années
  Nous nous parlons tout bas !
Depuis combien d'hivers vos dépouilles passées
  Se plaignent sous mes pas !

XII

Avril sourit, déjà plus douces me retiennent
    Les rudes mailles du destin,
Et de riantes pensers à présent me reviennent
    Comme les feuilles au jardin.

Eh, quoi ! ce peu de miel dans la dernière goutte
    Me serait-il enfin permis ?
O sombre vie ! Hélas ! si c'est la peine toute,
    Sommes-nous pas de vieux amis ?

XIII

Donc, vous allez fleurir encor, charmants parterres !
    Déjà se courbent en arceaux
Et s'emplissent de bruit dans les vieux cimetières
    Les arbres, gardiens des tombeaux.

Couvrez d'un tendre vert, arbres, vos branches fortes ;
    Quand viendra l'autan détesté,
Il lui faudra tout l'or des belles feuilles mortes
    Pour en rehausser sa beauté.

XIV

Palinure au grand cœur, le pilote d'Énée,
    Qui, prudent, d'un fort bras,
Guidait le gouvernail, subit la destinée
    Que l'on n'évite pas.

Instrument de la haine, un repos exécrable
    Lui vint tromper les yeux,
Et, déjà près du port, il périt misérable
    Dans les flots tortueux.

Et moi, lorsque le Pinde et les neuf sœurs ensemble
    Ont mes vœux couronnés,
Lorsque je touche au ciel, faut-il que je ressemble
    Aux plus abandonnés !

XV

Esprit astucieux, adorable puissance,
    Qui sans cesse guides ma main
Sur la corde sonore et nargues l'innocence
    De mon ~~entendement~~ ^{entendement} humain,

Ah! ne te lasse point d'éclairer les ténèbres
    De ma vie au sombre détour,
Et de faire germer dans ~~ses~~ ^{ses} fentes funèbres
    Les fleurs plus belles que le jour.

XVI

Eau printanière, pluie harmonieuse et douce
Autant qu'une rigole à travers le verger,
Et plus que l'arrosoir balancé sur la mousse,
Comme tu prends mon cœur dans ton réseau léger !

A ma fenêtre, ou bien sous le hangar des routes
Où je cherche un abri, de quel bonheur secret
Viens-tu mêler ma peine, et dans tes belles gouttes
Quel est ce souvenir et cet ancien regret ?

XVII

Lierre, que tu revêts de grâce bucolique
    Les ruines des monuments !
Et tu me plais encor sur le platane antique
    Qu'étouffent tes embrassements.

Mais je t'aime surtout, sombre et sinistre lierre,
    À quelque fontaine pendu,
Et laissant l'eau couler, plaintive, dans la pierre
    D'un bassin que l'âge a fendu.

XVIII

Nuages qu'un beau jour à présent environne,
Au dessus de ces champs de jeune blé couverts,
Vous qui m'apparaissez sur l'azur monotone
Semblables aux voiliers sur le calme des mers;

Vous qui devez bientôt, ayant la sombre face
De l'orage prochain, passer sous le ciel bas,
Mon cœur vous accompagne, ô coureurs de l'espace
Mon cœur qui vous ressemble et qu'on ne connaît pas.

XIX

Beaux présents que la Muse, hélas ! m'accorde encore,
 O mes vers, autrefois
Vous étiez, au jardin, la fleur qui vient d'éclore
 Et l'oiseau dans les bois ;

Vous étiez le ruisseau que le soleil égaie
 Et s'en fait un miroir.
Et maintenant, mes vers, d'une mortelle plaie
 Vous êtes le sang noir !

XX

Muse, comment sais-tu de ces heures sinistres
  Tisser un jour vermeil,
Comment à l'unisson fais-tu sonner les sistres
  Dans un discord pareil ?

Ah ! sur ton Pinde encor se peut-il que je sache
  Me frayer un chemin,
Et ton laurier sacré, faut-il que je l'arrache
  De cette impure main !

XXI

O ma lyre, cessons de nous couvrir de cendre
   Comme auprès d'un cercueil !
Je t'orne de verdure et ne veux plus entendre
   Des paroles de deuil.

Mais non, fais retentir d'une douleur non feinte,
   Lyre, l'accent amer !
N'es-tu pas l'alcyon qui calme de sa plainte
   Les vagues de la mer ?

www.ingramcontent.com/pod-product-compliance
Lightning Source LLC
Chambersburg PA
CBHW060514050426
42451CB00009B/972